W0392950

Mediterran geniessen mit Olivenöl

Martin Dalsass Philipp Notter

Mediterran geniessen

mit Olivenöl

FONA

Herzlichen Dank
Grazie mille

Andreas März, Giorgio Franci und Martin Dalsass haben mein Vorhaben sowohl fachlich als auch inhaltlich wohlwollend unterstützt.

«Carum est quod rarum est et oleum bonum rari sunt»

Filippo

© 2010 Fona Verlag AG, 5600 Lenzburg
Lektorat: Léonie Schmid
Gestaltung Cover: FonaGrafik
Gestaltung Inhalt: FonaGrafik
Foodbilder: Andreas Thumm, Freiburg i. Br.
Bilder Einführung: Giorgio Franci, Montenero: Seiten 10, 11 rechts, 12, 19, 20, 22, 25 rechts, 28, 30, 31, 32 links, 80, 96
Markus Dlouhy, München: Seiten 6, 11 links, 15, 24, 25 links, 26, 27 rechts, 32 rechts, 35, 38, 40, 64, 90 links
Bruno Bruchi, Grosseto: Seiten 23, 27 links
Einführung: Philipp Notter
Rezepte: Martin Dalsass
Druck: Druckerei Uhl, Radolfzell

ISBN 978-3-03780-434-6

Inhalt

Wo nicht anders erwähnt, sind die Rezepte für 4 Personen berechnet.

Vorwort

Olivenöl ist populärer denn je

Als eine der ältesten Kulturpflanzen wurde der Olivenbaum schon vor über 4000 Jahren angepflanzt und aus seinen Früchten Öl gewonnen. Die Methode des Anbaus, der Ernte und der Ölgewinnung hat sich bis in die Gegenwart vielerorts kaum verändert. Heute erlebt das Olivenöl eine wahre Renaissance, zum einen dank dem neuen Verständnis für eine gesunde Ernährung, zum andern dank dem zunehmendem Geschmacks- und Qualitätsbewusstsein.

Ohne die Anstrengungen innovativer Ölproduzenten (die nicht selten ihr Wissen und die Technologie aus dem Weinbau mitbrachten) und ein gezieltes Förderprogramm der Europäischen Union wäre allerdings die Qualitätsvielfalt nicht so reichhaltig, wie wir sie heute erleben dürfen. Wer erinnert sich nicht daran, als Kind Salat serviert bekommen zu haben, welcher einen widerlich ranzigen Nebengeschmack hatte, den man dem elterlichen Rat zufolge jedoch ruhig essen dürfe: «Das ist halt Olivenöl». Noch bis vor kurzem konnte man sogar im Ristorante mitten in den italienischen Anbaugebieten ähnlich unerfreuliche Bekanntschaften machen. Das Olivenöl war häufig eine geschmackliche Katastrophe, stand wochenlang in klaren offenen Fläschchen auf dem Tisch, und selbst die Wirte waren überzeugt, dass der leicht ranzige Geschmack irgendwie unabdingbar dazugehöre.

Damit ist nun Schluss. Denn was für den reisenden Feinschmecker in einem Lokal bisher ein sicheres Indiz für hohe Fachkompetenz war, gilt jetzt für alle: Seit 2006 sind per Gesetz in Restaurants nur noch Einweg-Originalgebinde der Produzenten mit einem Mindesthaltbarkeitsdatum erlaubt. Einmal mehr ist sich bella Italia seines Erbes als Hüter der Esskultur bewusst und korrigiert konsequent das, was dem Essgenuss im Wege steht.

Erntepause mit frischem Olivenöl

Nur ist es nicht ganz so einfach wie mit dem Rauchverbot ... Denn selbst eine Originalflasche ist keine Garantie, dass das Öl auch wirklich gut ist. Hier fängt das Dilemma erst richtig an!

Das Angebot von Spitzenölen aus dem Delikatessengeschäft und Billigware vom Discounter ist enorm, und manch ein Konsument ist ob der großen Preisdifferenzen verunsichert.
Was also macht ein gutes Olivenöl aus und wie viel darf beziehungsweise muss es kosten? Es ist Zeit für eine ganzheitliche Betrachtung vom Baum bis in das Regal des Lebensmittelhändlers.

Philipp Notter

Das gesunde Öl

Kleine geschichtliche Exkursion

Schon immer hat der Mensch mit dem Verzehr von Pflanzen, Fisch und Fleisch Fett als Energiequelle zu sich genommen. Aber erst die Beherrschung von einfachen Techniken wie dem Zerkleinern und Pressen von Ölfrüchten und dem Entfachen eines Feuers zum Schmelzen von Schweineschmalz ermöglichte die bewusste Nutzung der Fette und Öle. Der Ursprung des Olivenöls reicht weit in die Geschichte zurück; einigen Quellen zufolge wurde der Ölbaum schon 8000 Jahre v. Chr. in Kleinasien kultiviert. Die Phönizier, welche den Anbau des Ölbaums im Mittelmeerraum verbreiteten, sprachen bereits vom «grünen Gold».

Im Altertum diente das Öl sowohl als Lebensmittel als auch als Brennstoff, vorwiegend zu Beleuchtungszwecken. Davon zeugt auch heute noch der Begriff «Lampant», welchen die Römer zur Bezeichnung der niedrigsten Olivenölqualität verwendeten. Es waren denn auch die Römer, welche moderne Anbaumethoden und neue Steinmühlen sowie Pressen rund um das Mittelmeer einführten. Schon in den Überlieferungen von Plinius dem Älteren ist von 5 Qualitätsklassen die Rede, welche die hohe Kultur und das Qualitätsbewusstsein der damaligen Zeit eindrücklich belegen:

OLEUM EX ALBIS ULIVIS
von grünen, unreifen Oliven, direkt vom Baum gepflückt

OLEUM VIRIDE
von Oliven im fortgeschrittenen Reifestadium (grün-violett)

OLEUM MATURUM
von reifen Oliven (>80 % rot/violett/schwarz)

OLEUM CADUCUM
von «Falloliven», vom Boden aufgelesen

OLEUM CIBARIUM
von fast vertrockneten Oliven

Weltweit werden heute rund 2,6 Mio. Tonnen Olivenöl erzeugt. Dies entspricht einem Rohwarenwert von mehr als 10 Milliarden Euro. Rund 80 % der weltweiten Produktion stammen aus der Europäischen Union. Dadurch lässt sich auch das hohe Engagement aus Brüssel für den Schutz und die Förderung der Anbaugebiete erklären. Rund 2 Milliarden Euro flossen bisher in Form von Direktzahlungen jährlich in die Anbaugebiete. Für ein Kilogramm Olivenöl erhielt der Olivenbauer bisher rund 1,30 Euro, wobei je nach Land die subventionierte Menge limitiert war und Überproduktionen zu Kürzungen führten. So wollte man in Brüssel Länder wie Italien mit höheren Erntekosten (hügeliges Gebiet, wenig Potential für maschinelle Ernte), aber auch weniger entwickelte Länder wie Portugal oder Frankreich gezielt unterstützen.

Die Stellung des Olivenöls als Fettquelle ist in den klassischen Anbaugebieten rund um das Mittelmeer viel höher als in den nördlicheren Breitengraden. Der durchschnittliche jährliche Pro-Kopf-Verbrauch liegt in Griechenland bei 22, in Italien bei 12, in der Schweiz bei 3 Litern, in Deutschland und Österreich bei rund 1 Liter. Quelle: COI

Die wichtigsten Produktionsländer und ihr Anteil am Weltmarkt: Spanien (34 %), Italien (28 %), Griechenland (16 %), Tunesien (7 %), Türkei (6 %), Syrien (4 %), Algerien (1,9 %).

Die Zusammensetzung des Öls

Olivenöl besteht zu 98 bis 99 Prozent aus Fetten. Fette von Fleisch, Butter und Schmalz enthalten viele gesättigte Fettsäuren, während Pflanzenöle überwiegend ungesättigte Fettsäuren enthalten: Einfach ungesättigte, wie das ölsäurenreiche Olivenöl, oder Fettsäuren mit zwei oder mehrfach ungesättigten Bindungen, wie die linolsäurenreichen Saatöle (Rapsöl, Sonnenblumenöl).

Im Durchschnitt setzt sich sorgfältig hergestelltes Olivenöl der Klasse Extra Vergine wie folgt zusammen:

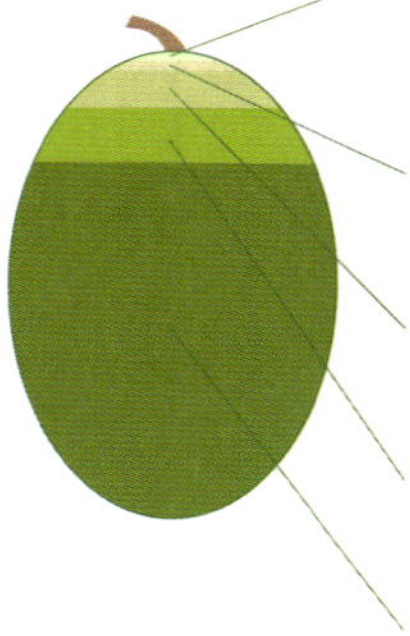

Daneben enthält Olivenöl aber auch «nicht-fette» Substanzen. Ihr Anteil liegt bei 1–2 % und setzt sich aus über 200 verschiedenen Stoffen zusammen. Einige dieser Stoffe spielen eine Rolle für die Ernährung und die Gesundheit, andere sind für den Geruch und den Geschmack verantwortlich.

Auf Grund ihrer antioxidativen Eigenschaften sind die im Olivenöl enthaltenen phenolischen Verbindungen und Vitamine von gesundheitlicher Bedeutung. Diese Stoffe sind aber nur in naturbelassenen (unraffinierten) Vergine-Ölen reichlich enthalten.
Je frischer und hochwertiger ein Öl, desto höher der Gehalt an Antioxidantien!
Der Gehalt an Vitaminen und phenolischen Substanzen im Olivenöl extra vergine hängt nicht nur von der Qualität der Oliven, sondern auch von einer sorgfältigen Pressung und Lagerung ab.

Fettquelle	Fettgehalt pro 100 g	davon gesättigt %	1-fach ungesättigt % Ölsäure Ω-9	2-fach ungesättigt % Linolsäure Ω-6	3-fach ungesättigt % Linolsäure Ω-3
Butter	98 g	63	34	3	
Erdnussöl	100 g	18	56	28	
Haselnussöl	100 g	8	78	14	
Kokosnussfett	100 g	91	7	2	
Kürbiskernöl	100 g	19	28	53	
Margarine	84 g	47	28	20	5
Olivenöl	98 g	14	76	9	1
Palmfett	100 g	51	38	11	
Rapsöl	100 g	7	64	20	9
Sojaöl	100 g	15	25	60	
Sonnenblumenöl	100 g	11	25	64	
Schweineschmalz	100 g	40	50	10	
Fisch	3 g	25	0	40	35
Geflügel	2 g	26	50	24	
Kalb	5 g	40	57	3	
Lamm	5 g	40	55	5	
Rind	4 g	48	49	3	
Schwein	10 g	40	48	12	

Neben den Vitaminen – vor allem Tocopherol (Vitamin E) und Karotin (Provitamin A) – und den Polyphenolen gehören zum «nicht-fetten» Anteil auch Paraffine, Terpene, Squalen, Polyterpene, Sterine, Chlorophyll, höhere Alkohole und andere. Einige von diesen Substanzen scheinen auf die menschliche Gesundheit eine äußerst positive Wirkung zu haben.

Olivenöl, ein wahres Wundermittel

Olivenöl ist Balsam für Leib und Seele. Das behaupten die Italiener, die Spanier und die Griechen. Auch die wissenschaftliche Forschung preist die gesundheitlichen Vorzüge von Olivenöl extra vergine. Dass Olivenöl gut für die Volksgesundheit ist, weiß man aber auch in den Schaltzentren der EU. Die massive Förderung des Olivenanbaus und des Olivenölkonsums mit Steuergeldern dient nicht nur dazu, einige Olivenbauern im Mittelmeerraum glücklich zu machen, sondern hilft auch Gesundheitskosten sparen. Es ist erwiesen: Olivenöl ist umso gesünder, je mehr es andere Fette in unserer Ernährung ersetzt.

Ölsäure wirkt gegen Herzkrankheiten

Gewisse Fettsäuren sollten möglichst gemieden werden, andere sind für den menschlichen Organismus unverzichtbar. Gesättigte Fettsäuren – der größte Teil ist tierischer Herkunft – sind dem Organismus nicht sehr zuträglich. Die im Olivenöl enthaltene einfach ungesättigte Ölsäure ist aber ein wahres Gesundheitselixier.

Wissenschaftler haben festgestellt, dass es die einfach ungesättigten Fettsäuren sind – davon enthält das Olivenöl reichlich –, die den Cholesterin-Haushalt langfristig ins Gleichgewicht bringen. Dank dem Umdenken der Medizin wird dem Olivenöl seit ein paar Jahren eine hohe Aufmerksamkeit entgegengebracht.

Koronaren Herzerkrankungen liegen sogenannte Risikofaktoren zu Grunde: Rauchen, hoher Blutdruck, hohes Blutcholesterin usw. Wird der Cholesteringehalt gesenkt, verringert sich statistisch nachweisbar das Auftreten von Herzkrankheiten.

Zwei Cholesterinarten werden unterschieden, das «Low Density Lipoprotein Cholesterol» (LDL-Cholesterin) und das «High Density Lipoprotein Cholesterol» (HDL-Cholesterin). Das LDL wird auch als das «böse» und das HDL als das «gute» Cholesterin bezeichnet. Ein hoher Gehalt an HDL-Cholesterin verringert das Krankheitsrisiko, höhere LDL-Cholesterinwerte erhöhen das Risiko einer koronaren Herzerkrankung.

Anders als mehrfach ungesättigte Fettsäuren, die das Gesamtcholesterin verringern, senkt die im Olivenöl enthaltene einfach ungesättigte Ölsäure nur das «böse» LDL-Cholesterin. Wenn sich das LDL-Cholesterin in den Zellen der Innenwände von Blutgefäßen ablagert, kann das zu Arteriosklerose und Herzinfarkt führen.

Das HDL-Cholesterin ist für den Transport des Cholesterins aus den Zellen in die Leber verantwortlich, wo es ab- oder umgebaut wird. Die einfach ungesättigte Fettsäure ist im Olivenöl bis zu 80 Prozent enthalten. Sie ist für ein günstiges Verhältnis zwischen «bösem» LDL-Cholesterin und «gutem» HDL-Cholesterin verantwortlich.

Es hat sich zudem gezeigt, dass das HDL-Cholesterin bei Testpersonen mit ölsäurereicher Ernährung widerstandsfähiger ist gegen Oxidation. Dies ist deshalb wichtig, weil diese Oxidierung krebserregende Stoffe, sogenannte «Freie Radikale», produziert. Erwiesen ist, dass in den Mittelmeerländern wesentlich weniger Menschen an Arteriosklerose und Herzinfarkt erkranken als nördlich der Alpen. Man weiß inzwischen, dass die Verwendung von Olivenöl als primäre Fettquelle dafür mitverantwortlich ist. Eine kürzlich durchgeführte Studie deutet darauf hin, dass die zusätzliche Aufnahme von Olivenöl bei einer ansonsten unveränderten Ernährung zu einer erheblichen Senkung des Blutdrucks führen kann – dieser Effekt war nur beim Olivenöl zu beobachten.

Nicht nur Genuss: Gutes Extra Vergine ist gesünder!

Top-Extra Vergine ist nicht nur besser, es ist auch gesünder als billiges Öl. Der Wert eines Olivenöles für die menschliche Ernährung hängt entscheidend von seinem Gehalt an phenolischen Verbindungen ab. Es handelt sich um jene antioxidativen Substanzen, denen heute eine große gesundheitliche Wirkung zugeschrieben wird.

Der toskanische Olivenölexperte Marco Mugelli: «Die Aussage: 'Olivenöl ist gesund!' ist nicht korrekt. Richtig ist die Aussage 'Olivenöl ist gesund, wenn es bestimmte Qualitätskriterien erfüllt.'»

Bei einem frischen Olivenöl mit reichem, reintönigem Fruchtgeschmack kann von einem hohen Gehalt an phenolischen Verbindungen ausgegangen werden. Ein gutes Extra Vergine enthält je Liter Öl 250–500 mg Polyphenole.

Der Großteil der bekannten Handelsmarken hat wenig Polyphenol-Gehalt – nicht selten liegt er unter 100 Milligramm/Liter –, weil es sich in der Regel um Olivenöle mit fortgeschrittenem oxidativem Vorgang handelt. Es sind oft müde Öle, die einer aufmerksamen sensorischen Prüfung nicht standhalten würden.

Solch billige Extra Vergine enthalten dafür oft einen zu hohen Peroxid-Anteil und dessen schädliche Abbauprodukte.

Peroxide entstehen durch Oxidation der Fettsäuren. Diese wird beschleunigt unter dem Einfluss von Sauerstoff, Licht und Wärme.

Aus Peroxiden und durch enzymatische Fermentationen entstehen Aldehyde, Ketone, Alkohole, die dem Öl den typischen Geruch der Ranzigkeit geben. Je frischer das Öl, je schonender es hergestellt wurde, desto geringer ist der Anteil an solchen Abbausubstanzen. Neuere Untersuchungen lassen vermuten, dass oxidativ geschädigte native Öle ungesund sind für die Leber.

Die Mittelmeerdiät

Die Ärzte sind sich einig: Eine gesunde Ernährung ist nicht eine Frage des Geschmacks oder der Interpretation von Einzelnen, sondern wurde von kompetenter Stelle verbindlich definiert. Im «Konsensus Statement» einigten sich auf der Internationalen Konferenz über mediterrane Ernährungsweise im Jahr 2000 in London 42 renommierte Ernährungswissenschaftler auf das, was man unter «gesunder Ernährung» zu verstehen hat. Obst, Gemüse, Hülsenfrüchte, Vollkorngetreide, Fisch, Nüsse und fettarme Milchprodukte: Die mediterrane Ernährung wird von der Forschung heute als die ideale Gesundheitsdiät angesehen.

«Traditionelle mediterrane Ernährung» steht für eine Ernährung, wie sie Anfang der Sechzigerjahre in einigen Mittelmeergebieten, beispielsweise auf Kreta, in Teilen des übrigen Griechenlands und in Süditalien typisch war: Eine Fülle regionaler, saisonal frischer Gemüse und frischer Früchte, täglich kleine Mengen von Milchprodukten (in erster Linie Käse und Jogurt), kleine Mengen von Fisch und Geflügel, maximal 4 Eier pro Woche, geringe Mengen an rotem Fleisch und geringe bis mäßige Mengen zu den Mahlzeiten getrunkenen Weins und Olivenöl als Hauptfettquelle.

Zur gleichen Zeit war die Lebenserwartung in den mediterranen Ländern eine der weltweit höchsten und koronare Herzerkrankungen, bestimmte Krebsarten und ernährungsbedingte chronische Erkrankungen trotz einer nicht optimalen Gesundheitsversorgung weltweit am niedrigsten.

Olivenöl – Wundermittel für jeden Tag

- Koronare Herzkrankheit und Krebs: Oxidativer Stress spielt vermutlich eine zentrale Rolle bei der Entstehung verschiedener Erkrankungen wie etwa der koronaren Herzkrankheit und Krebs. In den letzten Jahren sprechen immer mehr wissenschaftliche Befunde dafür, dass Antioxidantien gegen oxidativen Stress und die Oxidation von LDL-Cholesterin schützen können.

- Cholesterin, Herzinfarkt und Thrombose: Eine Diät mit Olivenöl als Haupt-Fettquelle beugt der Erhöhung des Cholesterinspiegels im Blut und Bluthochdruck vor und schützt vor Herz-Kreislauf-Krankheiten, vor allem vor Herzinfarkt und Thrombose sowie anderen Zivilisationskrankheiten.

- Alterung: Mit dem hohen Gehalt von Vitamin E und von Antioxidantien kommt es zusammen mit den einfach ungesättigten Fettsäuren im Extra Vergine zu einer Verzögerung der Alterung der menschlichen Zellen.

- Übergewicht: Dank seines kräftigen Geschmacks kann Extra Vergine in geringeren Mengen eingesetzt werden als andere Öle, was für Menschen mit Gewichtsproblemen wichtig ist.

- Diabetes: Gemäß Studien führt der regelmäßige Konsum von Olivenöl bei Diabetikern zu einem günstigeren Blutzuckerprofil.

- Krebs, Gallensteine: Bisherige Erkenntnisse über den Zusammenhang zwischen Nahrungsfettaufnahme und Krankheiten des Gastrointestinaltrakts sprechen dafür, dass sich eine erhöhte Aufnahme einfach ungesättigter Fettsäuren bei Erkrankungen wie Magen-/Darmgeschwüren sowie Gallensteinen günstig auswirkt; die Magensäuresekretion wird verringert und der Gallensteinbildung wird vorgebeugt. Des weiteren deuten wissenschaftliche Studien darauf hin, dass ein hoher Olivenölkonsum das Risiko für Brustkrebs bei Frauen und für Pankreaskrebs senkt.

- Hautkrebs: Extra Vergine, unmittelbar nach dem Sonnenbad aufgetragen, verlangsamte in Versuchen japanischer Forscher das Wachstum von Hautkrebs bei Mäusen.

- Verstopfung: Ein Esslöffel gutes Extra Vergine morgens auf nüchternen Magen sorgt für Wohlbefinden.

Anbau und Ernte

Kunstvoller Akt wider die Natur: Der Baumschnitt

Im Winter herrscht Ruhe in den Olivenhainen. Wenn das Wetter es zulässt, sägt der Olivenbauer im Wald Holz oder schneidet seine Reben. Die Olivenbäume rührt er in den Kältemonaten aber nicht an, denn unmittelbar nach dem Schnitt spürt der immergrüne Olivenbaum den Frühling und beginnt aus allen Knospen zu sprießen. Nach den späten Frösten verliert er dann all sein Laub und treibt nicht rechtzeitig wieder aus.

Im März erst schneidet der Olivenbauer die wilden, nach oben treibenden Wasserschösslinge im Stammesinnern und auf den Hauptzweigen weg. Gnadenlos dünnt er die nach außen hängenden Fruchttriebe aus, indem er mit Baumsäge und Schere alte Zweige und sich gegenseitig konkurrierende Jungzweige entfernt, unbarmherzig lässt er von den dichten Wipfeln der Hauptäste nur ein einziges, in den blauen Himmel ragendes Federchen stehen.

Der Olivenbaum ist von Menschenhand geschaffen. Die natürliche Form der Olivenpflanze ist der Strauch. Würde nicht bereits nach dem Pflanzen dafür gesorgt, dass nur ein Trieb und wenige nachwachsende Austriebe als zukünftige Leitäste bestehen bleiben, die Olivenpflanze würde verwildern und bald zum undurchdringlichen, vollbehangenen Busch werden. Einziger Zweck des Baumschnitts ist die Qualität des späteren Öls. Unbeschnittene, verwahrloste Bäume oder Olivenbüsche ergeben zwar mehr Oliven, aber es ist unmöglich, sie mit vernünftigem zeitlichem Aufwand aus dem Gestrüpp von Hand zu ernten. Will der Olivenbauer ein Qualitätsöl erzeugen und nicht zuwarten, bis die überreifen Oliven auf den Boden oder in die Netze fallen, muss er die Bäume für die Ernte von Hand gestalten.

Baumpflege im Februar/März

Das Aussehen der Olivenbäume einer Region lässt unmittelbar auf die Qualität der Ölproduktion schließen. Nur wenn auf den Bäumen Ordnung herrscht, kann eine sorgfältige, qualitätsbewusste Ernte erwartet werden. Verstrubbelte Bäume ergeben in der Regel schmuddelige Öle.

Olivenfeinde – chemischer Kahlschlag

Es ist April. Die Bäume haben Ernte, Winter und Schnitt gut überstanden und stehen frisch geputzt und gestärkt in der warmen, von Düften erfüllten Frühlingsluft. In den Achseln der dunkelgrünen einjährigen Blätter bilden sich Knospen, und bald wachsen daraus hellgrüne Jungtriebe oder Blüten, für die Insekten und Pilzkrankheiten eine Gefahr bedeuten. Der Olivenbauer besprüht seine Bäume mit einem Kupferpräparat.

Kupfer ist ein Schwermetall und gerät daher regelmäßig unter Beschuss. Seine Vorteile sind jedoch groß, weil es die Abwehrkraft der Pflanzen stärkt, eine breite fungizide Wirkung hat, zu keiner Resistenz führt, für den Anwender ungiftig ist und im Olivenöl keine Rückstände hinterlässt.

Mit Sicherheit wird der Gebrauch von Kupfer – gerade für die biologische Landwirtschaft bis heute ein wichtiges, da ungiftiges Mittel gegen Pilzkrankheiten – in Zukunft stark eingeschränkt, wenn nicht sogar verboten werden. Allerdings ist noch nicht klar, welche Produkte Kupfer ersetzen können.

Im Spätsommer wird die Olive von ihrem größten Feind, der Olivenfliege (Bactrocera Oleae), heimgesucht. Sie befällt vor allem frühreife Sorten mit großen, schon weichen Oliven. Das Weibchen legt ihre Eier in 200 bis

Blütenknospen Ende April

250 Oliven. Die später schlüpfenden Maden lassen in der Olive einen mit Exkrementen gefüllten Fressgang zurück. Der Kreislauf ist nicht zu stoppen: Bei «idealen» Bedingungen können sich bis zu 5 Generationen entwickeln. Befallene Olivenhaine liefern nicht nur weniger Früchte, auch die Olivenölqualität wird bei zunehmendem Befall immer stärker beeinträchtigt.

Um der gefürchteten Olivenfliege Herr zu werden, spritzen manche Olivenbauern die Olivenhaine mit Insektiziden einfach tot. Damit sichern sie sich zwar die Ernte, aber «sterilisieren» gleichzeitig buchstäblich ganze Landschaften. Mit dem Kauf von Bio-Erzeugnissen sorgen die Verbraucher deshalb nicht nur dafür, dass chemiefreies Olivenöl auf ihren Tisch kommt, sie unterstützen so auch die Erhaltung ökologischer Oasen.

Alternativen zum totalen Chemiekrieg gibt es: Gute Resultate können mit der Technik vergifteter Lockstoffe erzielt werden: Die Einsparung an Gift liegt bei über neunzig Prozent. Noch interessanter, weil gänzlich giftfrei, ist die Verwirrungstechnik mittels Sexuallockstoffen (Pheromone). Damit diese Taktik aber funktioniert, müssen große, zusammenhängende Flächen behandelt werden.

Blütezeit – schönste Zeit des Jahres

Gedüngt wird im Frühjahr. Großzügige Stickstoffgaben treiben die Pflanzen zwar zu mehr Produktion an, machen sie aber gleichzeitig auch schwach und für Krankheiten anfällig. Landwirte, die sich auch als Hüter ihrer grünen Umwelt verstehen, werden mit Dünger sparsam umgehen.

Handernte

Ende April, wenn Baumschnitt, Düngung und Frühjahrsspritzung erledigt sind, kann man beobachten, wie sich viele der blassgrünen Austriebe aus den Achseln der Blätter nicht zu Trieben, sondern zu Blüten entwickeln. Noch Anfang April war diese unterschiedliche Differenzierung der Knospen nicht zu erkennen. Die hellgrünen Blütenstände, oft zehn und mehr an einem Ästchen, sind erst unscheinbar und werden dann immer auffälliger. Die kugelförmigen, grünlichen Blütenknospen wachsen im Mai rasch und nehmen gegen Ende Mai eine weißliche Farbe an. Plötzlich, von einem Tag auf den anderen, ist die Luft erfüllt von einem süßlich-zitronigen Duft: Die Olivenblüten sind aufgeplatzt und verteilen mit jedem Luftstoß große Mengen von Pollen. Die Baumwipfel leuchten weiß, das silberne Grün der Blätter wird überstrahlt von Millionen geöffneter Blüten.

Aber längst nicht jede Blüte ergibt eine Olive, aus hundert Blüten entwickeln sich höchstens eine bis drei Oliven. Der glückliche Ausgang der Bestäubung hängt von vielen Faktoren ab. Ein mangelhafter Fruchtansatz kann durch das Fehlen von Bestäubersorten verursacht werden – viele Olivensorten sind selbststeril –, durch einen salzigen Meereswind, durch zu kalte oder zu trockene Luft, durch Regen oder Hitze, durch Mangel an Spurenelementen ...

Olivenbäume tragen sehr unregelmäßig Früchte. Nach einer großen Ernte schneidet der Bauer die Bäume zurück. Das hat zur Folge, dass der Olivenhain im kommenden Jahr nur wenig Früchte ansetzen wird.

Manche Bäume im apulischen Salento, in Sizilien und in Kalabrien haben eine stattliche Größe und sind von spektakulärer Schönheit. Solche Bäume können hunderte Kilogramm Oliven tragen. Leider entspricht das Öl selten der archaischen Ästhetik der Bäume.

optimaler Reifegrad

Auch in Mittelitalien kommt es vor, dass ein Olivenbaum dreissig und mehr Kilogramm Früchte trägt. Aber das ist selten. In der Toskana liegt ein normaler Ertrag zwischen drei und zwanzig Kilogramm Oliven je Pflanze. Je mehr Stickstoffdünger der Bauer im Frühjahr verteilt hat, desto schwerer ist der Behang der Bäume. Biobauern müssen sich mit weniger Ertrag begnügen.

Grüne und schwarze Oliven

Obschon Olivenbäume außerordentlich resistent sind gegen Trockenheit, stellen auch sie ohne ausreichende Wasserversorgung den Reifeprozess der Früchte ein. Die Oliven bleiben klein und der Ölgehalt ist gering. Erst nach ergiebigem Regen stellt der Ölbaum wieder auf seinen normalen Stoffwechsel um. Schon wenige Tage nach dem erlösenden Regen wachsen die Oliven wieder. Je früher Regen fällt, desto besser ist der Ölgehalt der Oliven und desto besser ist auch die Qualität des Öls.

Mit den Herbstregen geht das Olivenjahr seiner Erfüllung entgegen. Die Oliven werden praller und fetter. Noch im September sind die Oliven grün, erst gegen Ende Oktober und ausgeprägter dann im November beginnen sich sortenabhängige farbliche Unterschiede abzuzeichnen. Während gewisse Sorten ihre grüne Farbe behalten und erst spät im Winter eine rote oder violette Färbung annehmen, wechselt das Grün anderer Sorten bald ins Schwarz. Schneller schwarz werden auch Oliven von Bäumen, die nur einen geringen Ertrag zur Reife bringen müssen. Vollreife Oliven nehmen früher oder später stets eine schwarze Farbe an.

Weil grüne Oliven ein fruchtigeres Öl ergeben als vollreife, beginnt man in Gebieten wie der Toskana frühzeitig mit der Ernte. Einer der beiden grundlegenden Unterschiede zwischen der Lese vom Baum und dem Einsammeln heruntergefallener Oliven sind die Kosten. Der Grund, weshalb Spitzenöle teurer sind, liegt in erster Linie bei den Erntekosten, die – zumindest in Gebieten mit menschenwürdigen Löhnen – beinahe die Hälfte der Produktionskosten ausmachen. Oftmals überlässt der Olivenbauer seinen Helfern 50 % der geernteten Oliven. Das ist für den Betrieb zwar viel, bedenkt man aber, dass ein geübter Ernter pro Tag im Mittel selten mehr als hundert Kilogramm Oliven vom Baum holt, für Letzteren hart verdientes Geld: In «Öl-Währung» ist sein Tagesverdienst etwa sechs bis neun Liter Öl.

Wie beim Obst: Keine Falloliven

Der andere entscheidende Unterschied zwischen der Ernte vom Baum und dem Einsammeln vom Boden oder aus Netzen liegt bei der Qualität des Öls. Der Grund ist simpel: Das Kommando zum Abfallen, welches der Olivenbaum der Olive gibt, geschieht über ein Enzym. Jüngste Untersuchungen haben gezeigt, dass dieses Reife-Enzym auch die Lebensdauer des Olivenöls verkürzt. Da in Oliven, die freiwillig vom Baum fallen, bereits ein verfrühtes Ablaufdatum einprogrammiert ist, sollten diese nicht für die Pressung eines Spitzenöls verwendet werden. Nur un- oder halbreife, vom Baum geerntete Oliven können ein großes Olivenöl mit hohem Gehalt an Antioxidantien und langer Lebensdauer ergeben.

Das Auslegen von Netzen und das periodische Einsammeln der Oliven ist aus diesen Gründen ebenso als qualitätsmindernde Unsitte einzustufen wie das systematische Zusammenkehren von zu Boden gefallenen Oliven. Überreife Oliven geben im besten Fall süßliche (oft an Cassis erinnernde), breite Olivenöle mit wenig Schärfe, Frucht und ohne die typische Bitterkeit. Im schlechteren Falle entstehen Olivenöle, die auf Grund ihrer geschmacklichen Eigenschaften und des hohen Gehaltes an freien Fettsäuren nicht zum direkten menschlichen Konsum geeignet sind und daher raffiniert werden müssen.

Während von der Ernte mit Stangen auf jeden Fall abzuraten ist, da nicht nur die Oliven, sondern auch die Äste verletzt werden, können die modernen Maschinen unter bestimmten Bedingungen eine Alternative zur Handlese darstellen.

Bei jeder Erntemethode wird ein mehr oder weniger großer Teil der Oliven verletzt. Im gequetschten Fruchtfleisch kommen bereits nach kurzer Zeit fermentative und oxidative Prozesse in Gang, die sich umso negativer auf die Ölqualität auswirken, je mehr Zeit zwischen Ernte und Pressung verstreicht. Mechanische Ernte kann daher nur dort der schonenderen Lese von Hand vorgezogen werden, wo die Verarbeitung der Oliven innerhalb weniger Stunden gewährleistet ist. Einmal geerntet, geht es mit der Qualität des Öls im Innern der Oliven erst nur sehr langsam, dann rasch abwärts.

Nach dem gewaltsamen Abtrennen der noch unreifen Oliven geht deren Stoffwechsel noch für eine gewisse Zeit weiter. Während dieser Periode, die von der Sorte, dem Reife- und Gesundheitszustand abhängt, ist das Öl in den Früchten geschützt.
Im Idealfall – wenn beispielsweise auf dem Olivengut eine eigene Ölmühle zur Verfügung steht – werden die Oliven innert zwei bis fünf Stunden nach der Ernte verarbeitet.

Um die Qualitätseinbuße möglichst klein zu halten, sollten geerntete Oliven an einem kühlen, trockenen Ort in luftigen Kisten gelagert werden. Verheerend wirkt sich das Aufbewahren in Jutesäcken und – noch viel schlimmer – in Plastiksäcken aus, da die Oliven durch Selbsterhitzung und Fäulnis innerhalb weniger Stunden Schaden nehmen.

Verarbeitung

Von den Oliven zum Öl

Oliven haben einen Ölgehalt von zehn bis zwanzig Prozent. Dieser Gehalt hängt vom Klima, Reifezustand, Sorte und Region ab. Man kann mit einer mittleren Ölausbeute von fünfzehn Kilogramm Öl auf hundert Kilogramm Oliven rechnen (1 kg Öl = 1,1 Liter).

Die Befreiung der Tröpfchen aus den Olivenzellen geschieht – nachdem die Oliven zuvor von den Blättern befreit und gewaschen wurden – durch das Mahlen der Oliven. Zermahlten früher schwere, gemächlich rollende Mühlsteine die Früchte, erledigen diese Arbeit heute kompakte, geschlossene Stiftmühlen aus Edelstahl.

In großen fünfhundert und mehr Liter fassenden, beheizten Stahlwannen wird dann der Olivenbrei während rund einer halben Stunde erwärmt und schonend umgewälzt. Langsam wird in dieser Knetmaschine das Olivenöl ausgeschieden; es entstehen gelbgrün bis dunkelgrün leuchtende Öllachen. Bei der jüngsten Generation der Ölmühlen sind die Knetmaschinen vertikale, geschlossene Zylinder mit Anschluss für Schutzgas (Argon, Stickstoff) oder Vakuum, um den Olivenbrei – und damit die Ölinhaltsstoffe – noch besser vor Oxidation zu schützen. Statt braun ist der Olivenbrei bei den vertikalen Knetmaschinen beim Eintritt in den Decanter von grüner, bei gewissen Sorten (wie z.B. Lecino) von violetter Farbe.

Der dritte Schritt der Ölbereitung besteht im eigentlichen Pressvorgang. Während sich ein Teil des Öls bereits beim Kneten absondert, versteckt sich im Brei noch viel Öl. Mit der Pressung wird der flüssige Anteil des Breis (Fruchtwasser und Öl) von den Feststoffen (Kern, feste Zellbestandteile, Schale usw.) befreit. Das Pressen dieses Breis, bei dem die Feststoffe sehr klein sind und die Abflusswege rasch verstopfen, ist technisch nicht einfach.

Traditionelle Ölmühlen arbeiten immer noch wie ihre Vorgänger im Altertum: Der Brei wird als dünne Schicht auf runde Pressmatten aufgetragen. Die aufeinander geschichteten Pressmatten werden in hydraulischen Pressen unter Druck gesetzt. Gegen diese Art der Pressung sprechen allerdings Qualitätsargumente, denn die Pressmatten wirken mit ihrer immensen inneren Oberfläche als hyperaktive Reaktoren für unerwünschte mikrobiologische, oxidative und enzymatische Prozesse.

Waschanlage

Es ist traurig, dass die jahrhundertealte Technologie keine Zukunft mehr hat, aber der qualitative Unterschied zwischen dieser traditionellen Methode und den in geschlossenen, lärmenden, modernen Zentrifugalpressen (Decanter) erzeugten Ölen ist zu ausgeprägt. Nach Ansicht fortschrittlicher Experten ist es unmöglich, mit dem alten System wirklich saubere Öle zu bereiten.

Kalt- oder warmgepresst?

Die meistgestellte Frage zum Olivenöl ist wohl die: Ist das Öl auch tatsächlich kaltgepresst? Die Fragesteller wissen nicht, dass ihre Frage hundert Jahre zu spät kommt ... «Kaltgepresst» ist genau genommen eine Irreführung des Verbrauchers. Um nämlich Öl aus Oliven extrahieren zu können, ist Wärme notwendig. Bei kühlen Temperaturen im herkömmlichen Sinne ist die Ölausbeute gering. Nach aktuellen Erkenntnissen sollte der Olivenbrei im Moment, in dem er in den Decanter gelangt, eine Temperatur von 23 bis 27 °C haben. Dieses Vorgehen darf man gemäß Gesetz «Kaltextraktion» nennen, obwohl der Maximalwert von 27 °C schon ziemlich warm ist.

Erfolgt der Mahl- und Pressvorgang bei über 32 °C, verliert das Öl seine Frucht, schmeckt dünn, wässrig und unangenehm. Zudem verändert sich auch der Gehalt an gesundheitlich wertvollen Polyphenolen.

Die Kontrolle der Temperatur und Zeit bei der Ölgewinnung ist also für die Qualität des Olivenöls von größter Wichtigkeit. Beim Kneten sollte die Olivenpaste auf die erwünschte Temperatur erwärmt und jede, selbst partielle Überschreitung dieses Wertes verhindert werden. Beim Qualitätsmerkmal «kaltgepresst» sollte man misstrauisch sein!

Kneter

Decanter

Recycling-Öl aus Pressrückständen

Die nach der Pressung verbleibenden Oliventrester enthalten noch drei bis sechs Prozent Öl, das nicht mehr mittels mechanischer Prozesse aus dem Ölkuchen geholt werden kann. Die Ölmühle verkauft deshalb dieses «Abfallprodukt» zur weiteren Ausbeutung an dafür spezialisierte Unternehmen. Mit Lösungsmitteln – heute Hexan, seltener Trichloräthylen – holen sie den letzten Ölrest aus den Trestern, die dafür zuerst getrocknet werden müssen. Oftmals geschieht dies mit Direktbefeuerung, indem die nach der chemischen Extraktion anfallenden – kostenlosen – Rückstände verbrannt werden. Bei den jüngst in billigen Tresterölen nachgewiesenen Spuren der krebserregenden Substanz Benzpyren handelt es sich um nichts anderes als um Verbrennungsprodukte, die beim anschließenden Raffinierungsprozess nicht ausreichend entfernt worden sind. Nach der Trocknung wird das vorgewärmte Lösungsmittel in die mit Trester gefüllten Behälter gespritzt. Die gewonnene Flüssigkeit, ein Gemisch aus Öl und Lösungsmittel, muss anschließend destilliert werden; übrig bleibt rohes Oliventresteröl.

Damit die so gewonnene «Delikatesse» auf unsere Tafeln darf, muss sie wie native Öle von schlechter Qualität – sogenannte Lampant- oder Lampenöle – rektifiziert werden. Man neutralisiert die freien Fettsäuren unter Zuhilfenahme starker Basen, entseift sie mittels Heißwasser, entfärbt sie mit Hilfe oberflächenaktiver Tonerden und Aktivkohle und desodoriert sie dann durch Behandlung mit Heißwasserdampf bei 220 bis 280 °C unter Vakuum. Das Öl ist praktisch farb-, geruch- und geschmacklos. An seine Herkunft erinnern nur noch die im Olivenöl enthaltenen charakteristischen Fettsäuren.

War das Ausgangsprodukt Lampantöl, darf das nun gewonnene Elaborat als «Olivenöl» in den Handel kommen, wenn es mit einem gesetzlich nicht näher bestimmten Anteil nativen Öls – als Geschmacks- und Farbgeber – verschnitten worden ist.

Direkt von der Zentrifuge – frischer geht es nicht

Randbemerkung

Es gibt Erzeuger, die keine andere Möglichkeit haben, als ihr Extra Vergine im Internet für 2,50 Euro/Liter anzubieten, weil sie für ihre Produktion über keinen würdigeren Absatzkanal verfügen. Der Handel mit Olivenöl – Zukauf, Verschnitt, Abfüllen und Vermarkten – rentiert sich, die Produktion indessen ist in der Regel ein Verlustgeschäft. Dies nicht nur deshalb, weil der Händler die Verfügbarkeit fortlaufend der Nachfrage anpassen kann und der Produzent jedes Jahr mit stark schwankenden Mengen klarkommen muss, sondern auch weil die Produktionskosten in Mittel- und Norditalien zum Beispiel rund vier Mal höher sind als der Marktpreis für kommerzielles Extra Vergine, dessen sich die Abfüller bedienen. Kostet den Händler ein Extra Vergine nicht viel mehr als zwei Euro je Liter, muss sich der Olivenbauer mit Produktionskosten – langfristige Investitionen nicht miteingerechnet – von sieben und mehr Euro pro Liter herumschlagen. Der selbstvermarktende Olivenölbauer navigiert mit seinen Verkaufspreisen stets in gefährlicher Nähe der nackten Produktionskosten. Olivenbauern, die ihre Oliven oder ihr Öl dem Großhandel überlassen, wirtschaften – oftmals ohne sich dessen überhaupt bewusst zu sein – in der Regel in den roten Zahlen. Die mengenmäßig schwache Nachfrage nach Qualitätsolivenöl erlaubt derzeit nur einer kleinen Minderheit von Produzenten, mit ihrem Olivenöl Mehrwert zugunsten einer betrieblichen Zukunft zu erzielen.

Sensorische Beurteilung

Qualität ist ...

Qualität wird subjektiv sehr unterschiedlich empfunden. Wer Geschmackloses mag, wird sich an Geschmackvollem stören. Wer von starken Gerüchen und Geschmackseindrücken abgehärtet ist, wird die feinen Töne nicht zu schätzen wissen. Und wer gar an Fehlerhaftes gewöhnt ist, dem wird ein sauberer Geschmack fad vorkommen. Damit wir alle das Gleiche meinen, wenn wir von Qualität reden, wird versucht, subjektive Sensorik mit Panels (Verkostergruppen) zu objektivieren und nachvollziehbar zu machen.

Ein Panel erteilt einem Olivenöl Noten auf Grund weniger wichtiger sensorischer Merkmale und stellt fest, ob ein analytisch als Extra Vergine ausgewiesenes Öl auch geschmacklich in Ordnung ist und als solches in den Verkauf kommen darf.

Eine sensorische Feststellung der Qualität kann objektiviert werden, indem man definiert, was positive und was negative Geschmackseigenschaften sind. So legt der Internationale Olivenölrat (COI) fest, dass neben einer recht langen Liste von Bezeichnungen für Fehler nur drei Ausdrücke für positive sensorische Merkmale verwendet werden dürfen: «fruchtig», «bitter» und «scharf». Andere positive Adjektive gibt es in offiziellen Tests nicht. Qualität, Frische und Echtheit können zudem über analytische Parameter definiert werden. Beispiele für Grenzwerte von Inhaltsstoffen sind der Maximalgehalt an freien Fettsäuren, die Peroxidzahl, der Gehalt an den verschiedenen Fettsäuren, Wachsen, Stigmastadien, Sterinen usw. Die Grenzwerte dieser Stoffe werden in der jeweils laufend aktualisierten EWG-Verordnung 2568/91 festgelegt. Sie dienen zur Klassifizierung der Öle. Die Produktionsreglemente für Olivenöle mit Herkunftszertifikaten (DOP, AOP, IGP) bedienen sich oft noch strengerer analytischer Grenzwerte, um die Authentizität der Olivenöle sicherzustellen.

Olivenöl muss leuchten!

Ein gutes Extra Vergine zeichnet sich durch extreme Frische aus, in der Farbe, in der Nase, im Gaumen. Es darf goldgelb sein, sollte aber stets einen grünen Schimmer haben, und das Öl sollte nicht allzu viskos, sondern eher dünnflüssig sein.

Gelbe, matte, dickflüssige Öle sind schon von ihrem Aussehen her abstoßend und schmecken selten gut. Olivenöl kann tiefgrün, hellgrün, grüngelb oder goldgelb sein, stets mit einem feinen Grünschimmer. Wichtig ist lediglich, dass es leuchtet. Wenn man es auf den weißen Teller oder auf Brot träufelt, soll es einen verführen, nicht abstoßen.

Frische ist auch in der Nase erstes Qualitätskriterium. Grüne Aromen wie Gras, unreife Oliven, Artischocken, grüne Tomaten deuten auf eine frühe Ernte von grünen Oliven hin. Reife und überreife Oliven ergeben nussige und buttrige Noten, die an Haselnüsse, Mandeln und Butter erinnern. Im Gaumen muss die Frische durch grüne oder nussige, aber stets reintönige Aromen bestätigt werden. Fruchtaromen sind nicht immer willkommen, vor allem reife Bananen oder reife Äpfel können stören. Positiv sind Noten von Heu, Mittelmeermacchia und aromatischen Kräutern. Geschmackliche Harmonie wird bei einem guten Olivenöl vorausgesetzt, auch die positiven Geschmackseindrücke müssen in den Gesamteindruck eingebunden sein.

Überraschend mag für manchen Leser möglicherweise sein, dass Schärfe und Bitterkeit wichtige und unabdingbare Qualitätsmerkmale sind. Ein Extra Vergine, das nicht über eine spürbare Bitterkeit verfügt und nicht deutlich «piccante» ist, erhält in jeder professionellen Verkostung Abzüge!

Im Prinzip gilt: Je näher ein Olivenöl von Aromen und Geschmack her bei der frischen Olive liegt, desto höher ist es einzustufen. Wer schon mal eine grüne Olive zerkaut (und gleich wieder ausgespuckt) hat, weiß, wovon die Rede ist.

Trübes Öl

Die Aussage «Trübes Öl ist besser als klares» ist etwa gleich zutreffend wie die Behauptung, rote Autos seien schneller als blaue. Olivenöl frisch ab Presse ist immer trüb. Aber nicht jedes trübe Olivenöl ist frisch. Unter den Olivenölfans gilt neues, tiefgrünes, intensiv duftendes, trübes Olivenöl als das beste. Es kratzt und beißt im Gaumen und ist von intensiver Olivenfrucht.

Nachdem er es erst kritisch verkostet hat, genießt der Produzent im Spätherbst bei der Ernte sein neues Olivenöl, indem er reichlich davon über leicht geröstete, mit grobem Salz bestreute und mit Knoblauch eingeriebene Brotscheiben gießt. Ein herrlicher Moment, die feierliche Krönung eines Arbeitsjahres im Olivenhain.

Ölfachleute empfehlen heute, frisch gepresstes Olivenöl sofort zu filtern, um es von den im Trub enthaltenen Enzymen zu befreien, welche unter anderem für die langsame Oxidation wertvoller Inhaltsstoffe verantwortlich sind. Gleich nach der Pressung gefiltertes Öl scheint seine geschmackliche und gesundheitliche Unversehrtheit länger

zu bewahren. Trübes Olivenöl kann eine wahre Delikatesse sein, aber es ist verderblich wie jedes Frischprodukt. Lagert man hingegen klares Olivenöl von guter Qualität (ohne Trübung und Bodensatz) im Dunkeln, bei kellerkühlen Temperaturen und in geschlossenen Behältern, ist es über Jahre haltbar. Sein Geschmack verändert sich aber und verliert mit der Zeit die «grüne» Note von frischen Oliven. Unter optimalen Bedingungen reifendes Olivenöl verliert Schärfe und Bitterkeit und entwickelt zunehmend Aromen, die an Baumnüsse/Walnüsse, Haselnüsse, Mandeln und Butter erinnern.

Wann ist ein Öl extra vergine?

Gemäß der geltenden EU-Gesetzgebung darf ein natives (vergine) Olivenöl nur mit mechanischen Mitteln gewonnen werden, also mit Hilfe von Mühlen (heute meist aus Edelstahl, früher aus Stein), hydraulischen Pressen und Zentrifugen. Extra-Vergine-Öl, die höchste Güteklasse der Vergine-Kategorie, wird unter anderem durch den Höchstgehalt an freien Fettsäuren definiert (0,8 %), die geschmacklich zwar nicht wahrnehmbar, aber ein analytisch rasch und mit geringem Aufwand feststellbares Indiz für die Qualität der verarbeiteten Oliven sind. Olivenöl ist das erste Lebensmittel, für dessen Klassifizierung die Verkostung durch eine Expertengruppe ausschlaggebend ist. Für kein anderes Lebensmittel gibt es derart präzise und umfassende Vorschriften wie für Olivenöl.

Wie man gutes Olivenöl kauft

Die Olivenölkultur steckt in unseren Breitengraden noch in den Kinderschuhen. Nur wenige kundige Genießer wissen aufgrund des Namens des Erzeugers, ob ein Olivenöl sein Geld wert ist oder nicht. Leider helfen auch die Angaben auf der Flasche in der Regel nicht weiter. Woran soll man sich orientieren? Wie kann der Verbraucher «sein Olivenöl» entdecken?

Sicherheiten gibt es, außer der eigenen Verkostung, erst wenige. Ob Supermarkt, Delikatessenhändler oder Weinhandlung, der Konsument ist mit einem breiten Angebot konfrontiert und versteht nicht, weshalb die verschiedenen, alle als Extra Vergine bezeicheten Öle im Preis so unterschiedlich sind.

Soll man im Zweifelsfall zur teureren Flasche greifen? Leider bietet auch der Preis keinerlei Garantie. Ein teures Öl muss nicht gut sein, man kann lediglich davon ausgehen, dass ein billiges Öl nicht gut sein kann. Wer ein preisgünstiges Extra Vergine sucht und sich nicht daran stört, wenn es wenig geschmacklichen Charakter und vielleicht sogar geringfügige Fehler aufweist, der findet dieses unter den Markenprodukten des Lebensmittelhandels. Einiges komplizierter ist die Sache für Leute mit höheren geschmacklichen Ambitionen, für Genießer, die bereit sind, für Gutes entsprechend zu bezahlen. Wer sich nicht scheut, € 15.- (ca. CHF 25.-) und mehr in eine Halbliterflasche zu investieren, für dieses Geld aber einen intensiven, sauberen Geschmack sowie einen klaren Ursprungscharakter erwartet, riskiert einige Enttäuschungen: Im Handel gibt es viele Öle mit toller Ausstattung, aber nicht immer mit entsprechendem Inhalt. Wer Qualität will, sollte sich auf jeden Fall – trotz der kritikwürdigen gesetzlichen Situation – stets an ein Extra-Vergine-Olivenöl (natives Olivenöl extra) halten. Nicht jedes Extra Vergine ist bekanntlich ein Spitzenöl, andererseits gibt es kein Spitzenöl, das nicht der Kategorie Extra Vergine angehören würde.

Eine Grundvoraussetzung für die Werthaltigkeit eines Olivenöls ist die Glaubwüdigkeit seines Ursprungs. Wenn nicht feststeht, wo das Öl erzeugt wurde, dann lohnt es sich nicht, dafür mehr zu bezahlen als für ein beliebiges Extra Vergine aus dem Supermarkt.

Der anspruchsvolle Olivenölliebhaber, der Olivenöl mit sicherem Ursprung kaufen will, hat verschiedene Möglichkeiten: Entweder er bezieht das Öl direkt vom Produzenten (und hofft, dass dieser kein Schlitzohr ist) oder er hält sich an seinen Vertrauenshändler (von dem er sich den Ursprung ausdrücklich bestätigen lässt). Eine dritte Möglichkeit ist der Kauf von Olivenölen mit offiziell zertifiziertem Ursprung: DOP/IGP-Olivenöle. Solche Öle müssen nicht nur aus ganz bestimmten Anbaugebieten kommen, sondern unterliegen auch strengeren Qualitätsauflagen als einfach Extra Vergine.

Qualitätsgarantie: eigene Verkostung

Wer nicht Zeit oder Lust hat, sich durch eigene Verkostung ein Bild über das Angebot zu machen, kann bei einem Blindkauf zwischen € 15.- und 20.- pro Flasche (entweder bei seinem Weinhändler oder in der Feinkostabteilung) mit eindeutiger Herkunftsangabe und Abfülldatum mit großer Wahrscheinlichkeit ein brauchbares Öl erhalten. Nicht nur bei ambitionierten Ölmühlen (Frantoio) –, sondern auch bei Winzern besteht eine gewisse Gewähr dafür, dass das im Weinanbau verwurzelte Qualitätsdenken auch bei der Ölproduktion zum Tragen kommt. Zudem ist die Chance für die Ursprungsechtheit bei Winzerolivenölen ziemlich groß, weil der Handel mit Olivenöl dort stets ein Nebenerwerb ist und die häufig unrentable Ölproduktion lediglich deshalb unterhalten wird, weil man das Land, auf dem die Olivenbäume stehen, nicht verkommen lassen will. Am meisten Vertrauen verdienen Händler, die ihren Kunden die angebotenen Olivenöle zur Verkostung anbieten. Man muss kein großer Kenner sein, um die Unterschiede herauszuschmecken. Olivenöl sollte mit einem sauberen, verschließbaren kleinen Becher verkostet werden. Man gießt ein paar Millimeter auf den Boden und verschließt den Becher sogleich. Nach ein paar Augenblicken, während denen man das Öl mit den Handflächen erwärmt, lüftet man in Nasennähe den Deckel und versucht die Aromen einzufangen. Erst dann nimmt man einen kleinen Schluck auf die Zunge und prüft den Geschmack. Auf einem Stückchen Brot schmeckt das Olivenöl zwar herrlich, wer die Geschmacksnuancen von verschiedenen Olivenölen aber wirklich erkunden will, kommt um die Prozedur mit dem Becher nicht herum. Wer mehr über Olivenöl erfahren möchte, wählt fünf bis sechs vielversprechende Extra Vergine-Sorten und verkostet diese blind. Empfehlenswert ist natürlich, stets auch ein Extra Vergine aus dem Supermarkt miteinzubeziehen: Eigentlich sollte der Unterschied zwischen den teuren Ölen und dem Discount-Öl den Verkoster umhauen ...

Tipps und Tricks im Alltag

Hitzestabilität der Fette – am besten Olivenöl

Entgegen einer weitverbreiteten Meinung erträgt Olivenöl hohe Temperaturen beim Kochen besser als andere Öle und ist deshalb zum sanften Anbraten bestens geeignet. Einfach ungesättigte Fettsäuren bleiben beim Erhitzen länger stabil als mehrfach ungesättigte. Ein Extra-Vergine-Öl wird auch dank seinem Gehalt an natürlichen Antioxidantien durch Hitze weit weniger rasch geschädigt als raffiniertes Öl.

Maximale Erhitzbarkeit von Speiseölen und Speisefetten:

Butter	110 °C
Margarine	150 °C
Maiskeimöl	160 °C
Soja- und Sonnenblumenöl	170 °C
Schweinefett	180 °C
Olivenöl	190 °C

Am schlechtesten geeignet für das Anbraten und Frittieren sind Pflanzenöle mit einem hohem Gehalt an mehrfach ungesättigten Fettsäuren (Distelöl, Maiskeimöl, Sonnenblumenöl, Sojaöl), weil letztere durch Hitze zu gesundheitsschädlichen Substanzen oxidiert werden.

Olivenöl mit seinem hohen Gehalt an einfach ungesättigten Fettsäuren und seinen natürlichen Antioxidantien wird durch Hitze weit weniger rasch geschädigt. Will man der Entstehung schädlicher Stoffe vorbeugen, sollten beim Braten auch mit Olivenöl Temperaturen über 190 °C aber auf jeden Fall vermieden werden. (Achtung: In der Küche entstehen beim Erhitzen von Fetten ungleich mehr schädliche Stoffe als bei industriellen Prozessen wie etwa der Raffinierung!)

Die Aufbewahrung von Öl

Das Olivenöl altert unter Lufteinfluss. Es hält sich lang, sogar jahrelang, aber nur, wenn es unter Licht- und Luftabschluss an einem kühlen Ort gelagert wird. Die Regeln zum Aufbewahren sind für Produzenten, Handel und Verbraucher gleich. Einmal abgefüllt in Flaschen, fühlt sich das Öl am gleichen Ort wohl wie der Wein. Nach Anbruch ist die Flasche vor Licht geschützt in einem Schrank oder Flaschenauszug aufzubewahren.

Antipasti

Vorspeisen

Il carpaccio di polpo con melanzane

Octopus-Carpaccio mit Auberginen-

e alici marinate

köpfchen und marinierten Sardellen

8 Sardellen
1 kg Octopus
Olivenöl (Geschmacksnote: pfeffrig, Minze, Basilikum, z. B. Abruzzen)
2 Knoblauchzehen, grob gehackt
1 Schalotte, in Scheiben
1 dl/100 ml Weißwein
Basilikum
Salz

1 Aubergine
1 Bund glattblättrige Petersilie
Olivenöl (Geschmacksnote: pfeffrig, Minze, Basilikum, z. B. Abruzzen)
Salz
frisch gemahlener Pfeffer

wenig Friséesalat für die Garnitur
roter und grüner Basilikum für die Garnitur

1 Die Sardellen waschen, vom Kopf zum Schwanz die Gräte von Hand herausziehen, so wird gleichzeitig auch der Kopf abgetrennt. In der Hand hält man die zarten Filets. Sardellen einen Tag in einer Marinade aus je einem Teil Wasser und Essig einlegen, gut salzen. Filets aus der Marinade nehmen. Mindestens einen Tag oder länger in Olivenöl und Basilikum marinieren.

2 Octopus unter kaltem Wasser abspülen. In einem gut schließenden Topf mit Knoblauch und Schalotten in wenig Olivenöl andünsten, mit dem Weißwein ablöschen, bei mäßiger Hitze zugedeckt 50 Minuten garen, öfter rühren. Octopus nicht häuten und zerlegen. Ganz in eine mit Klarsichtfolie ausgelegte Terrinenform legen. Zum Pressen einen schweren, flachen Gegenstand auf den Octopus legen. Mindestens 4 Stunden in den Kühlschrank stellen.

3 Backofen auf 180 °C vorheizen.

4 Aubergine halbieren, Schnittfläche gitterähnlich einschneiden, auf ein Blech legen, im Ofen bei 180 °C 10 Minuten backen. Herausnehmen. Das Fleisch mit einem Esslöffel aus der Haut lösen und fein hacken. Petersilie von den Stielen zupfen, fein hacken und unterrühren. Mit Olivenöl, Salz und Pfeffer würzen.

5 Octopusterrine auf der Aufschnittmaschine oder von Hand in 2 mm feine Scheiben schneiden, auf flachen Tellern anrichten (in der Mitte für das Auberginenköpfchen Platz frei lassen). Einen runden Teigausstecher in die Mitte setzen und mit der Auberginenmasse füllen. Den Ausstecher entfernen. Sardellen auf dem Köpfchen anrichten. Mit Salat und Basilikum garnieren, mit Olivenöl beträufeln.

L'anguria grigliata con
Gegrillte Wassermelone mit
concassé di pomodoro
Tomatenwürfelchen

1 Wassermelone
2 Strauchtomaten
8 Zitronenmelisseblätter
Fleur de sel
Olivenöl (Geschmacksnote: fruchtig, leicht pikant, z. B. Provence)

Balsamico
Zitronenmelisse für die Garnitur

1 Backofen auf 250 °C vorheizen.
2 Tomaten schälen: Wenn die Haut fest ist, kann der Sparschäler verwendet werden. Andernfalls schneidet man die Tomate an der Spitze kreuzweise ein, taucht sie im Schaumlöffel in kochendes Wasser, bis sich die Haut löst. Unter kaltem Wasser abschrecken, Tomate schälen, vierteln, «Kerngehäuse» (Kerne und gallertartige Masse) entfernen, Tomatenfleisch in Würfelchen schneiden, mit feingeschnittener Zitronenmelisse, Fleur de sel und Olivenöl abschmecken.
3 Die Wassermelone schälen und in 4 cm dicke und 10 x 5 cm große Rechtecke schneiden. Auf einem Gitter im Backofen beidseitig grillen.
4 Gegrillte Wassermelone auf Tellern anrichten, mit Tomatenwürfelchen bedecken, mit ein wenig Fleur de sel abschmecken, mit Balsamico und Zitronenmelisse garnieren.

La focaccia

Focaccia

für ein großes Kuchenblech

400 g Weißmehl / Mehl Type 405
1 Prise Salz
12 g Hefe
1 dl/100 ml lauwarmes Wasser
0,3 dl/30 ml Olivenöl (Geschmacksnote: mild, z. B. Umbrien)

0,5 dl/50 ml Olivenöl
0,3 dl/30 ml Wasser
Fleur de sel
2 EL junge Rosmarinnadeln

1. Mehl und Salz mischen, eine Vertiefung drücken, die Hefe mit 3–4 EL Wasser in die Vertiefung geben, glattrühren, ein wenig Mehl unterrühren, den Vorteig 15 Minuten gehen lassen.
2. Lauwarmes Wasser und Olivenöl zum Vorteig geben, zu einem Teig zusammenfügen, auf der Arbeitsfläche 10 bis 15 Minuten kneten. Teig in die Schüssel legen, die Schüssel mit einem feuchten Tuch zudecken. Hefeteig bei Zimmertemperatur auf das doppelte Volumen aufgehen lassen.
3. Den Hefeteig leicht durchkneten. Auf dem mit Öl eingefetteten Blechrücken etwa 2 cm dick ausziehen, mit dem Daumen gleichmäßige Vertiefungen eindrücken. Mit einem feuchten Tuch zudecken. Nochmals 5 Minuten gehen lassen.
4. Backofen auf 200 °C vorheizen.
5. Olivenöl und Wasser verquirlen, Focaccia damit einpinseln, mit Rosmarinnadeln und Salz bestreuen.
6. Focaccia auf mittlerer Schiene in den Backofen schieben, bei 200 °C 15 bis 17 Minuten backen. Nochmals mit dem Ölwasser einpinseln. Auf einem Gitter auskühlen lassen.

La torre di bufala e pomodori ramati

Tomaten mit Büffelmozzarella

4 schöne Strauchtomaten
4 kleine Büffelmozzarella
1 Bund kleinblättriger Rucola
weißer Balsamico
Olivenöl (Geschmacksnote: kräftig, grün, pikant, z. B. Toskana)
Basilikum

1 Tomaten schälen: Seite 44. Tomaten quer in 5 Scheiben schneiden (siehe Bild), mit Salz und Pfeffer würzen, mit Olivenöl nappieren.
2 Büffelmozzarella ebenfalls in 4 Scheiben schneiden.
3 Rucola mit Balsamico und Öl abschmecken, auf Tellern anrichten. Tomaten- und Mozzarellascheiben mit abgezupften Basilikumblättchen zu einem Türmchen schichten.

Lo spiedino di cappesante

Jakobsmuschelspiesschen

su risina

auf Risina Bohnen

8 große Jakobsmuscheln (ohne Schale)
4 Scheiben Parmaschinken
20 g getrocknete Tomaten, klein gewürfelt
100 g Risina Bohnen (fagiolo di spello)
1 Lorbeerblatt
1 Knoblauchzehe
abgezupfte glattblättrige Petersilie, gehackt
Olivenöl (Geschmacksnote: intensiv fruchtig, aromatisch, z. B. Apulien, Toskana)
1 Karotte
gemischter Blattsalat
weißer Balsamico

1 Die Risina Bohnen 8 Stunden in kaltem Wasser einweichen. Das Wasser abgießen. Bohnen in ungesalzenem Wasser mit Lorbeer und Knoblauch etwa 20 Minuten kochen. Salzen. Im Kochwasser erkalten lassen. Lorbeer und Knoblauchzehe entfernen. 4 EL Bohnenwasser entnehmen. Bohnen abgießen.

2 Den Parmaschinken längs halbieren, die Muscheln damit umwickeln, in einer beschichteten Bratpfanne auf der flachen Seite anbraten, mit Olivenöl beträufeln. Muscheln auf Spießchen stecken.

3 Risina Bohnen, Tomatenwürfelchen, Petersilie und Olivenöl vermengen, mit einem Schuss Bohnenwasser abschmecken.

4 Karotte schälen und mit dem Sparschäler in feine Streifen schneiden.

5 Bohnen in einem Suppenteller anrichten, ein Spießchen darauflegen. Mit den Karottenstreifen einen Ring bilden, auf die Bohnen legen, Ring mit dem Blattsalat füllen, mit Balsamico und Olivenöl beträufeln.

I tagliolini freddi con capperi e gambas

Tagliolini mit Kapern und Gambas auf Gazpacho

240 g Tagliolini (feinste Nudeln)
30 g Tomatenwürfelchen, Seite 44
12 Gambas/Wildgarnelen
Olivenöl (Geschmacksnote: nussig, mittelintensiv, z. B. Ligurien)
4 gehäufte EL Kapern

Gazpacho
100 g rote Peperoni / Paprikaschoten
100 g fleischige Tomaten
120 g Salatgurke

20 g Mie de pain, Seite 68
1 EL Rotweinessig
2 EL Olivenöl
Salz
frisch gemahlener Pfeffer

Basilikum für die Garnitur

1. Peperoni halbieren, Stielansatz und Kerne entfernen, Schotenhälften zerkleinern. Stielansatz der Tomaten ausstechen, Tomaten achteln. Gurke schälen und zerkleinern. Gemüse pürieren, durch ein Sieb streichen. Gazpacho im Kühlschrank gut durchkühlen.
2. Tagliolini nach Packungsbeschrieb in reichlich Salzwasser kochen, abgießen, mit kaltem Wasser abschrecken. Auf einem mit Öl eingefetteten Backblech kühlstellen.
3. Gambas schälen, 4 Köpfe und 8 Schwänze ganz lassen. Restliche Gambas in 3 bis 4 Teile schneiden. In einer beschichteten Bratpfanne ein wenig Olivenöl erhitzen, Gambas darin andünsten, mit Salz und Pfeffer würzen.
4. Tagliolini, Tomatenwürfelchen, Kapern und Gambastückchen mischen, abschmecken mit Salz und Pfeffer.
5. Gazpacho, Mie de pain, Rotweinessig und Olivenöl verrühren, mit Salz und Pfeffer abschmecken.
6. Gazpacho in Suppentellern anrichten. Tagliolini mit einer Fleischgabel aufwickeln, auf die Teller verteilen, mit ganzen Gambaschwänzen und Gambaköpfen sowie Basilikum garnieren.

I fiori di zucchine farciti con
Zucchini mit Schafsricottafüllung
ricotta di pecora su pomodori canditi
auf Tomatenconfit

8 Zucchiniblüten, davon 4 mit Fruchtansatz

Füllung

200 g Schafsricotta
1 Bund Schnittlauch, fein geschnitten
Salz
frisch gemahlener Pfeffer

Tomatenconfit

4 Strauchtomaten
1 Knoblauchzehe, fein gehackt
1 EL abgezupfte Thymianblättchen

4 feine Weißbrotscheiben

Olivenöl (Geschmacksnote: mittelscharf, grüne Tomate, z. B. Sizilien)

1 Ein Blech mit Knoblauch und Thymianblättchen bestreuen. Tomaten schälen (Seite 44), vierteln, die Kerne mit der gallertähnlichen Masse entfernen. Tomatenfleisch auf das vorbereitete Blech verteilen, im Backofen bei 90 °C 2 Stunden ziehen lassen.
2 Staubfäden und Stempel der Zucchiniblüten entfernen, Fruchtansatz fächerartig einschneiden.
3 Schafsricotta und Schnittlauch verrühren, mit Salz und Pfeffer würzen, in einen Spritzbeutel mit runder Tülle füllen, in die Zucchiniblüten spritzen. Blütenspitzen zudrehen. Gefüllte Blüten in einen Dämpfaufsatz legen und 2 Minuten dämpfen.
4 Tomaten fächerartig auf Teller legen, gefüllte Zucchiniblüten darauflegen, mit Olivenöl beträufeln, Brotscheiben dazulegen.

I cavatelli ai molluschi

Cavatelli mit Muscheln

400 g Venusmuscheln
Olivenöl (Geschmacksnote: scharf, grün, z. B. Umbrien)
1 Knoblauchzehe gehackt
1 Schalotte, gehackt
½ dl/50 ml Weißwein
40 g Calamaretti, in feinen Ringen
1 Knoblauchzehe, gehackt
40 g Tomatenwürfelchen, Seite 44
1 EL gehackte Petersilie
Peperonciniöl nach Belieben

Cavatelli (für 8 Portionen)

150 g mehlig kochende Kartoffeln
500 g Weißmehl/ Mehl Type 405
1 Freilandei, verquirlt
1½ dl/150 ml lauwarmes Wasser
Salz
frisch gemahlener Pfeffer
5 Briefchen sterilisierte (Tintenfisch-)Tinte (beim Fischhändler erhältlich)

Basilikum für die Garnitur

1 Für die Cavatelli die Kartoffeln in der Schale im Dampf weichkochen, noch heiß schälen und durch das Passevite/die Flotte Lotte drehen. Mehl, Ei und Wasser unter die Kartoffeln rühren, mit Salz und Pfeffer würzen, zu einem Teig zusammenfügen. Den Teig halbieren. Eine Hälfte mit der Tinte schwarz färben. Die Teighälften getrennt wie für einen Pizzateig kneten. Teig in Klarsichtfolie einwickeln. 2 Stunden ruhen lassen. Beide Teigstücke mit dem Nudelholz 1 cm dick ausrollen, in 1 cm breite Streifen schneiden, Streifen rund rollen, immer gut mit Mehl bestäuben. Teigrollen in 5 mm lange Stückchen schneiden, jedes mit dem Daumen leicht eindrücken. Im Kühlschrank aufbewahren oder für die Vorratshaltung einfrieren.

2 Muscheln gründlich wässern, putzen. Mit Knoblauch und Schalotten in wenig Olivenöl andünsten, mit dem Weißwein ablöschen, 2–3 Minuten zugedeckt ziehen lassen. Geschlossene Exemplare wegwerfen. Das Fleisch aus den Muscheln lösen. Den Fond durch ein Sieb passieren.

3 In einem großen Kochtopf reichlich Salzwasser erhitzen, Cavatelli gemischt zugeben, bei schwacher Hitze 8–10 Minuten ziehen lassen. Mit dem Schaumlöffel herausnehmen.

4 Restlichen Knoblauch in wenig Olivenöl andünsten, Calamaretti mitdünsten, mit dem Muschelfond ablöschen. Muschelfleisch, Tomaten, Petersilie und Cavatelli zugeben, erhitzen, nach Belieben mit ein paar Tropfen Peperonciniöl pikant abschmecken. Anrichten. Mit Basilikum garnieren.

Gli gnocchetti di olive con gambas

Olivengnocchi mit Gambas

Olivenöl (Geschmacksnote: mittelscharf, grüne Tomate, z. B. Sizilien)
8 Gambas (Riesenkrevetten/-garnelen)
Salz
frisch gemahlener Pfeffer
1 Knoblauchzehe, fein gehackt
60 g Cherrytomaten, geviertelt

Basilikum für die Garnitur

Gnocchi

80 g Ricotta
80 g entsteinte grüne Oliven, püriert
20 g geriebener Parmesan
60 Mie de pain, Seite 68
10 g Mehl
10 g Olivenöl
½ verquirltes Freilandei
1 EL Spinatpüree
Salz
frisch gemahlener Pfeffer

1 Für die Gnocchi alle Zutaten verrühren, mit Salz und Pfeffer würzen. Die Masse in einen Spritzbeutel mit runder Tülle von 7 mm Durchmesser füllen, auf die bemehlte Arbeitsfläche Würstchen spritzen, diese in 15 mm lange Stücke portionieren, von Hand olivenähnlich formen.
2 Gambas schälen, vier Gambas ganz lassen, die restlichen zerkleinern, mit Salz und Pfeffer würzen. Alles im Olivenöl kurz braten.
3 Für die Gnocchi reichlich Salzwasser erhitzen, Gnocchi zugeben, an die Oberfläche steigen lassen, mit einem Schaumlöffel herausnehmen.
4 Knoblauch in wenig Olivenöl andünsten, Tomaten mitdünsten, zerkleinerte Gambas und Gnocchi zugeben, erhitzen. Anrichten. Mit den ganzen Gambas und dem Basilikum garnieren.

Asparagi verdi con uovo affogato

Grüner Spargel mit pochiertem Ei

e caviale di salmone

und Lachsrogen

1 Bund (500–600 g) grüner Spargel
4 Freilandeier
1 EL Essig
Blattsalat
40 g Lachsrogen

Sauce Hollandaise

½ dl / 50 ml Olivenöl (Geschmacksnote: scharf, grün, z. B. Umbrien)
1 Eigelb von einem Freilandei
2 EL Weißwein
Salz
frisch gemahlener Pfeffer

1. Die untere Hälfte des Spargels schälen, Stangen auf 10 bis 12 cm kürzen (Reste für einen Risotto oder eine Suppe verwenden). Spargel im Dampf je nach Dicke 5 bis 8 Minuten garen.
2. Für die pochierten Eier in einem großen Topf Wasser und Essig aufkochen, Eier einzeln in eine Tasse aufschlagen, in das kochende Wasser gleiten lassen, 3 Minuten ziehen lassen. Mit einem Schaumlöffel herausnehmen. Warm halten.
3. Für die Hollandaise das Olivenöl im warmen Wasserbad leicht erwärmen. Eigelb und Weißwein in eine Chromstahlschüssel geben, über dem kochenden Wasserbad zu einer luftigen Masse aufschlagen, das erwärmte Olivenöl tropfenweise zugeben, weiterrühren, abschmecken mit Salz und Pfeffer.
4. Spargel strahlenförmig (siehe Bild) auf Teller legen. Salat dazwischenlegen, pochiertes Ei daraufsetzen, mit Lachsrogen garnieren, schwarzen Pfeffer grob darübermahlen. Sauce Hollandaise separat servieren.

La zuppa di farro con moscardini

Dinkelsuppe mit Moscardini

1 Schalotte, fein gehackt
2 Knoblauchzehen, fein gehackt
100 g Dinkelkörner
1 l Geflügelbrühe
20 g Karotten, klein gewürfelt
20 g Stangen-/Staudensellerie, klein gewürfelt
½ dl/50 ml Olivenöl (Geschmacksnote: pikant, pfeffrig, bitter, z. B. Toskana)
abgezupfte glattblättrige Petersilie, gehackt
1 TL Peperonciniöl

200 g Moscardini/ kleine Tintenfische
1 Lorbeerblatt
Selleriereste
1 Schalotte, zerkleinert
1 dl/100 ml Weißwein
½ l Wasser

8 Baguettescheiben
Knoblauch
2 Strauchtomaten, Tomatenwürfelchen, Seite 44
Salz, Pfeffer, Olivenöl

1. Die Dinkelkörner über Nacht in kaltem Wasser einweichen. Einweichwasser weggießen.
2. Moscardini mit Lorbeer, Selleriresten, Schalotten, Weißwein und Wasser 15 Minuten köcheln. Moscardini aus dem Fond nehmen. Den Fond beiseite stellen.
3. Schalotten und Knoblauch in ein wenig Olivenöl andünsten, Dinkelkörner zugeben und mitdünsten, mit der Geflügelbrühe ablöschen, aufkochen, bei schwacher Hitze zugedeckt 50 Minuten köcheln, Gemüse zugeben, weitere 15 Minuten köcheln. ½ l passierten Moscardinifond zugeben, aufkochen, mit Olivenöl, Petersilie und Peperonciniöl abschmecken.
4. Backofen auf 220 °C vorheizen.
5. Baguettescheiben mit durchgepresstem Knoblauch einreiben, auf ein mit Backpapier belegtes Backblech legen, im Backofen knusprig backen. Tomatenwürfelchen mit Salz, Pfeffer und Olivenöl würzen und auf die gerösteten Brotscheiben verteilen.
6. Dinkelsuppe in Suppenschalen oder Suppentellern anrichten. Moscardini dazugeben.

Secondi di carne

Mahlzeiten mit Fleisch

Secondi di pesce

Mahlzeiten mit Fisch

La punta di manzo lessa nell'olio d'oliva

In der Olivenöl-Fleischbrühe

brodo di manzo

gegartes Rindfleisch

600–800 g Rindfleisch vom Huftdeckel/Tafelspitz
2 Sardellen
½ l Olivenöl (Geschmacksnote: grün, frisch, mittelscharf, z. B. Gardasee)
3 Schalotten
1 Spross Stangen-/Staudensellerie, evtl. geschält, in 5 cm langen Stücken
2 Knoblauchzehen
1 kleine Lauchstange, geputzt, in 5 cm langen Stücken
1 l ungesalzene Fleischbrühe
1 Bund glattblättrige Petersilie, von den Stielen gezupft, gehackt
1 EL geriebener Parmesan
1 EL Mie de pain, Seite 68
6 gesalzene Sardellenfilets

1 Das Rindfleisch mit 2 Sardellen spicken. Dazu mit einem spitzen Messer zwei entsprechend tiefe Einschnitte in das Fleisch machen und die Sardellen mit einem Löffelstiel hineindrücken.

2 Schalotten, Sellerie, Knoblauch und Lauch in 3 dl/300 ml Olivenöl andünsten, Rindfeisch zugeben, 2 Mal wenden, damit sich die Poren schließen. Mit der Fleischbrühe auffüllen, aufkochen, Fleisch bei schwacher Hitze etwa 90 Minuten köcheln, Schaum immer wieder abschöpfen. Fleisch herausnehmen, zugedeckt warm stellen.

3 Fond mit Gemüse auf die Hälfte einkochen lassen, pürieren. Petersilie, Parmesan und Mie de pain unterrühren, nochmals erhitzen. Restliches Olivenöl untermixen.

Tipp Mit gedünstetem Saisongemüse servieren.

Ungesalzene Fleischbrühe 800 g Suppenfleisch vom Rind mit Gemüsebündel (Karotte, Knollensellerie, Lauch, Zwiebel) in 2 l Wasser 3–4 Stunden köcheln. Abgießen, Brühe auffangen und erkalten lassen. Fettschicht entfernen. Die Brühe kann auch tiefgekühlt werden.

Il galletto impanato con
Paniertes Stubenküken
insalata di patate
mit Kartoffelsalat

2 Stubenküken, je 400 g
1 Karotte, geschält, zerkleinert
1 Spross Stangen-/Staudensellerie, zerkleinert
1 kleine Lauchstange, zerkleinert
1 Bund Thymian
Salz
frisch gemahlener Pfeffer
Zitronensaft

Mehl
Mie de pain
1 Freilandei
1 EL Schlagrahm/-sahne

½ l Olivenöl

Kartoffelsalat
300 g fest kochende Kartoffeln
½ dl/50 ml Hühnerbrühe
2 EL Sherryessig
2 EL Olivenöl (Geschmacksnote: leichtes oder einjähriges Öl, Gardasee)
1 Schalotte, fein gehackt, 2 Minuten blanchiert
Salz, Pfeffer
1 Bund Schnittlauch, fein geschnitten

1 Stubenküken auslösen, in je 6 Stücke schneiden. Gemüse, Kräuter und Stubenküken in einen großen Topf geben, mit Wasser bedecken, mit Salz und Pfeffer würzen, aufkochen, 5 Minuten kochen. Stubenküken herausnehmen, abkühlen lassen.
2 Kartoffeln im Dampf weich garen, heiß schälen, ausdampfen lassen.
3 Für die Sauce Hühnerbrühe, Sherryessig und Olivenöl verrühren, Schalotten zufügen, würzen mit Salz und Pfeffer. Kartoffeln in Scheiben schneiden, vorsichtig mit der Sauce mischen. Schnittlauch vor dem Servieren unterrühren.
4 Stubenküken mit Zitronensaft, Salz und Pfeffer würzen.
5 Mehl und Mie de pain in je einen Teller geben. Das Ei in einem dritten Teller verquirlen, Schlagrahm unterrühren.
6 Stubenküken im Mehl, dann im Ei und zuletzt im Mie de pain wenden, Panade leicht andrücken.
7 Das Olivenöl auf 160 °C erhitzen, Stubenküken darin goldgelb backen. Auf Küchenpapier abtropfen lassen.

Mie de pain Weißbrot/Semmeln/Toastbrot in dicke Scheiben schneiden. Kruste/Rinde entfernen. Brotscheiben in Klarsichtfolie einwickeln und tiefkühlen. Auf der Rohkostreibe gefroren zu Brösel reiben. Entweder sofort verwenden oder wieder einfrieren.

Il filetto di vitello con crosta di olive e pecorino

Kalbsfilet mit Oliven-Pecorino-Kruste

Olivenöl
4 Kalbsfiletmedaillons, je 140 g
Salz
frisch gemahlener Pfeffer

Oliven-Pecorino-Kruste
130 g schwarze Oliven, entsteint 75 g
40 g Pecorino, zerbröckelt
75 g Toastbrot ohne Rinde
40 g Butter
1 kleine Knoblauchzehe, grob gehackt
1 Eigelb von einem Freilandei
1 Kräutersträußchen: glattblättrige Petersilie, Basilikum, Thymian, Oregano, Salbei

2 EL Olivenöl (Toskana)
2 Artischocken
2 Strauchtomaten
½ dl/50 ml Weißwein
Salz, Pfeffer
glattblättrige Petersilie

schwarze Oliven für die Garnitur
Rosmarinzweiglein für die Garnitur

1 Für die Fleischkruste Oliven, Pecorino, zerpflücktes Brot, Butter, Knoblauch, Eigelb und die von den Stielen gezupften Kräuter zu einer Paste mixen.
2 Die Blätter der Artischocken um gut die Hälfte kürzen, so viele Hüllblätter abschneiden/abbrechen, bis nur noch die zarten Blätter übrig bleiben, das Heu entfernen.
3 Tomaten schälen: Seite 44. Tomaten vierteln, Kerne mit gallertartiger Masse entfernen.
4 Artischocken im Olivenöl sanft anbraten, mit Weißwein ablöschen, köcheln, bis die Artischocken weich sind, Tomaten zugeben, mit Salz und Pfeffer abschmecken. Petersilie von den Stielen zupfen, hacken und unterrühren.
5 Backofen auf Grillstufe vorheizen.
6 Kalbsfilet mit Salz und Pfeffer würzen, im Olivenöl etwa 4 Minuten braten. Olivenmasse auf den Medaillons verstreichen. Im Backofen bei Oberhitze 2 Minuten grillen.
7 Kalbsfiletmedaillons anrichten, mit dem Gemüse umgeben, mit auf Rosmarinzweiglein aufgespießten Oliven garnieren.

Il medaglione di lucioperca
Zandermedaillons mit
con peperoni e pinoli
Sommergemüse und Pinienkernen

400 g Zanderfilet mit Haut
Salz
frisch gemahlener Pfeffer
1 roter Peperoni / Paprikaschote
1 gelber Peperoni / Paprikaschote
4 kleine grüne Peperoni/ Paprikaschoten
10 g Pinienkerne
20 Taggiasca-Oliven
12 Basilikumblätter
Olivenöl (Geschmacksnote: mittelintensiv, grün, nussig, z. B. Tessin)

1 Rote und gelbe Peperoni im vorgeheizten Ofen bei 180 °C etwa 10 Minuten braten, herausnehmen, mit Klarsichtfolie zudecken, auskühlen lassen. Den Schoten die Haut abziehen, vierteln, Stielansatz und Kerne entfernen.
2 Grüne Peperoni ganz lassen, im Olivenöl knackig dünsten, rote und gelbe Peperoni kurz mitdünsten, mit Salz und Pfeffer abschmecken.
3 Basilikumblätter im 140 °C heißen Olivenöl frittieren.
4 Zander mit Haut in vier Portionen teilen, mit Salz und Pfeffer würzen, auf der Hautseite mit ein wenig Mehl bestäuben. In einer Bratpfanne ein wenig Olivenöl nicht zu stark erhitzen, Fischstücke mit der Hautseite nach unten in die Pfanne legen, braten, bis die Oberfläche nicht mehr glasig ist. Pinienkerne und Oliven beifügen.
5 Zandermedaillons mit Oliven und Pinienkernen auf Tellern anrichten, Peperoni dazulegen, mit den frittierten Basilikumblättern garnieren.

La tempura di pesce di lago
Süsswasserfisch und Gemüse
e verdure
im Tempurateig

200 g Süßwasserfischfilets, z. B. Zander, Egli, Felchen
1 Fenchel
1 Karotte
2 Zucchiniblüten mit Frucht
4 Salbeiblätter

½ l Olivenöl (Geschmacksnote: mild, einjährig)

Tempura
50 g Weißmehl / Mehl Type 405
50 g Weizengrieß extra fein
1 dl / 100 ml eiskaltes kohlensäurehaltiges Mineralwasser

1 Zitrone

1 Die Zutaten für den Tempurateig glattrühren, kühlstellen.
2 Fischfilets in gleichmäßig kleine Stücke schneiden.
3 Grobfasrige Teile beim Fenchel mit dem Sparschäler entfernen, Fenchel in Längsrichtung in 4 mm dicke Scheiben schneiden. Karotte schälen und in Längsrichtung in 4 mm dicke Scheiben schneiden, Zucchiniblüte von der Frucht trennen und längs halbieren, Staubfäden und Blütenstempel entfernen. Zucchini in etwa 4 mm dicke Scheiben schneiden.
4 Fisch, Gemüse und Salbei mit Mehl bestäuben.
5 Das Olivenöl in einer Bratpfanne auf 160 °C erhitzen. Die Zutaten einzeln durch den Teig ziehen und im Olivenöl portionsweise goldgelb backen, auf Küchenpapier abtropfen lassen, mit Salz und Pfeffer würzen. Mit der halbierten Zitrone servieren.

Crostone di polenta

Polenta mit Calamari-Spiesschen

con spiedino di calamari

und Sardine

4 dl/400 ml Wasser
½ TL Salz
100 g Maismehl

Olivenöl (Geschmacksnote: pikant, herb, z. B. Sardinien)
8 kleine Calamari/ kleine Tintenfische
4 Sardinen
16 Datteltomaten
12 Taggiasca-Oliven
abgezupfte glattblättrige Petersilie, gehackt
einige Basilikumblätter für die Garnitur

1 Für die Polenta Wasser und Salz aufkochen, Maismehl zugeben, unter zeitweiligem Rühren auf kleinstmöglicher Stufe 1 Stunde köcheln lassen. In einem mit Öl eingefetteten tiefen Backblech 4 cm hoch ausstreichen. Erkalten lassen.

2 Calamari putzen, halbieren und segelähnlich auf Spießchen stecken.

3 Den Bauch der Sardinen aufschneiden, die Gräte herauslösen (Seite 42).

4 Von der Polenta runde Plätzchen ausstechen, in einer Bratpfanne im Olivenöl knusprig braten. Warm stellen.

5 Calamari-Spießchen in der gleichen Pfanne wie die Polenta im Olivenöl kräftig anbraten. Die flach ausgelegten Sardinen mit der Petersilie kurz mitbraten, mit Salz und Pfeffer würzen. Datteltomaten und Oliven zugeben, mitbraten.

6 Maisplätzchen auf Teller legen. Calamari-Spießchen, Sardine, Tomaten und Oliven dazulegen, mit dem Basilikum garnieren.

Il medaglione di branzino

Wolfsbarsch im Zucchiniblütenmantel

con fiori di zucchine e olandese

mit Sauce Hollandaise

400 g Wolfsbarschfilet mit Haut
4 große Zucchiniblüten mit Fruchtansatz

Sauce Hollandaise

1 Schalotte, gehackt
1 TL zerdrückte Korianderkörner
0,2 dl/20 ml Estragonessig
0,3 dl/30 ml Weißwein
2 Eigelbe von Freilandeiern
1 dl/100 ml Olivenöl, erwärmt (Geschmacksnote: mittelscharf, fruchtig, z. B. Sizilien)
Salz
frisch gemahlener Pfeffer

1 Schalotte mit Koriander, Estragonessig und Weißwein aufkochen und auf die Hälfte einkochen, Reduktion durch ein Siebchen in eine Chromstahlschüssel passieren.
2 Die Haut des Wolfsbarschs sorgfältig ablösen, in 4 Stücke schneiden, mit Salz und Pfeffer würzen. Das Fischfilet portionieren. Zucchini-Blütenblätter vom Fruchtansatz schneiden/abbrechen, Staubfäden sowie Stempel entfernen. Blütenblätter leicht überlappend um den Fisch legen, mit der Fischhaut umwickeln. Die Zucchini schräg in 1 cm dicke Scheiben schneiden. «Fischpäckchen» und Zucchini in einen Dämpfaufsatz legen, über dem kochenden Wasser 5 bis 8 Minuten dämpfen.
3 In der Zwischenzeit für die Sauce Hollandaise die Eigelbe zum Essigfond geben. Über dem kochenden Wasserbad aufschlagen, Olivenöl tropfenweise zugeben, zu einer sämigen Sauce rühren, mit Salz und Pfeffer abschmecken.
4 Wolfsbarsch mit den Zucchini anrichten. Sauce Hollandaise separat servieren.

Tipp Mit gedünsteten Bohnen oder Spinat und Cherrytomaten servieren.

I dolci

Desserts

La spuma di cioccolata
Olivenöl-Schokoladen-Mousse
all'olio d'oliva con lamponi
mit Himbeeren

180 g Kuvertüre oder Zartbitterschokolade (70–75 % Kakaoanteil)
125 g Olivenöl (Geschmacksnote: scharf, grün, z. B. Umbrien)
3 Eigelbe von Freilandeiern
55 g Zucker
3 Eiweiß
55 g Zucker
2 dl/200 ml Rahm/Sahne, steif geschlagen

4 Metallringe
wenig flüssige Kuvertüre

Puderzucker zum Bestäuben
Kakaopulver zum Bestäuben
80 g Himbeeren
2 EL Himbeercoulis für die Garnitur (Himbeeren pürieren und durch ein Sieb streichen, mit Puderzucker leicht binden)
Minzezweiglein

1. Kuvertüre in Stücke schneiden, in einer Chromstahlschüssel im Wasserbad schmelzen. Ein wenig Kuvertüre entnehmen und die Metallringe auf der Innenseite damit einpinseln, Ringe in den Kühlschrank stellen.
2. Das Olivenöl langsam unter die flüssige Kuvertüre rühren.
3. Die Eigelbe mit dem Zucker zu einer luftigen Masse aufschlagen.
4. Die Eiweiß mit dem Zucker zu einer weichen Masse schlagen.
5. Eigelb und Eiweiß mit der flüssigen Schokolade leicht verrühren, Schlagrahm unterziehen.
6. Gekühlte Ringe auf eine flache Unterlage stellen, Schokomousse einfüllen. Mindestens 2 Stunden kühl stellen.
7. Die Metallringe entfernen, die Schokomousse mit Kakaopulver bestäuben, auf Tellern anrichten. Mit Himbeeren, Himbeercoulis und Minze garnieren.

Lo sformato di pane e arance
Orangenauflauf mit
con gelato alle olive
Oliveneiscreme

Auflauf
1½ dl/150 ml Rahm/Sahne
2 Eigelbe von Freilandeiern
30 g Zucker
Orangenzesten
3–4 Orangen, in Filets, entkernt
20 g Korinthen
20 g gehackte Pistazien
20 g geriebene Mandeln
10 g Mie de pain, Seite 68
20 g dünne Baguettescheiben

weiche Butter für die Förmchen
Zucker für die Förmchen

Olivenkonfitüre
100 g Zucker
2,2 dl/220 ml Wasser
300 g entsteinte grüne Oliven

Oliveneiscreme
½ l Milch
1 dl/100 ml Rahm/Sahne
100 g Zucker
100 g Eigelb
1 Prise Salz
100 g Olivenkonfitüre
10 g Olivenöl (Geschmacksnote: mild, z. B. Spanien, Ligurien)

1 Für die Olivenkonfitüre Zucker mit dem Wasser aufkochen, auskühlen lassen. Oliven dreimal in frischem Wasser blanchieren, mit dem abgekühlten Zuckerwasser fein pürieren.
2 Für die Oliveneiscreme Milch und Rahm aufkochen. Zucker, Eigelbe und Salz zu einer luftigen Masse aufschlagen, Rahm-Milch-Gemisch unterrühren. Die Creme in der Pfanne/Sauteuse unter Rühren unter dem Kochpunkt binden. Pfanne von der Wärmequelle nehmen. Olivenkonfitüre und Olivenöl unterrühren. Unter zeitweiligem Rühren im Eiswasser (Wasser mit Eiswürfeln) abkühlen lassen. In der Eismaschine gefrieren lassen.
3 Für den Auflauf Rahm mit Eigelben und Zucker verquirlen, Orangenzesten unterrühren. Korinthen, Nüsse und Mie de pain vermengen. Vier ofenfeste Portionsförmchen mit Butter einfetten, mit Zucker ausstreuen. Boden mit der Baguette belegen, Orangenfilets darauflegen, Eigelbcreme darübergießen, mit dem Nussmix abschließen. Den Auflauf im vorgeheizten Ofen bei 180 °C 15 Minuten backen.
4 Den Orangenauflauf aus den Förmchen lösen, mit der Oliveneiscreme anrichten.

Sfogliatine fritte con gelato allo yogurth

Frittierte Krapfen mit Jogurteis

Krapfen

375 g Weißmehl/ Mehl Type 405
50 g weiche Butter
1 EL Rahm/Sahne
1 Freilandei, verquirlt
1 Tropfen Rum
ca. 1 dl/100 ml lauwarme Milch

Aprikosen-, Heidelbeer- oder Peiselbeerkonfitüre

Puderzucker zum Bestäuben

Olivenöl zum Frittieren (Geschmacksnote: leicht)

Jogurteiscreme

250 g Naturjogurt
65 g Puderzucker
0,3 dl/30 ml Zitronensaft
1 dl/100 ml Rahm/Sahne, steif geschlagen

1 Für die Jogurteiscreme den Jogurt mit Puderzucker und Zitronensaft glattrühren, den Schlagrahm unterziehen. In der Eismaschine gefrieren lassen.
2 Für den Krapfenteig Zutaten zu einem glatten, geschmeidigen Teig kneten. Teig in zwei Portionen teilen und länglich formen. Mit einem Tuch zudecken, unter einer Schüssel 1 bis 2 Stunden ruhen lassen.
3 Eine Portion Teig auf bemehlter Arbeitsfläche sehr dünn ausrollen. Zwei Streifen von 6 cm Breite schneiden. Einen Streifen mit der Konfitüre bestreichen, dabei den Rand frei lassen, zweiten Teigstreifen darauflegen, andrücken. Mit beiden Händen die Enden des Streifens fassen und locker in die Länge ziehen, sodass der Streifen fast doppelt so lang wird. Mit einem gewellten Teigrädchen in etwa 6 cm lange Krapfen teilen.
4 Das Olivenöl in einer Fritteuse erhitzen. Krapfen mit der Konfitürenseite nach unten in die Fritteuse legen. Einen Schöpflöffel voll Olivenöl darübergießen, frittieren, Krapfen auf ausgelegtem Küchenpapier abtropfen lassen. Unmittelbar vor dem Servieren mit Puderzucker bestäuben.
5 Mit der zweiten Portion Teig ebenso verfahren.

Arance in insalata

Orangensalat mit Orangenkrokant

all'olio d'oliva con cialda

4 säuerliche Orangen
Olivenöl (Geschmacksnote: pfeffrig, scharf, nicht zu fruchtig, z. B. Apulien)
Puderzucker

Orangenkrokant

150 g Puderzucker
100 g geriebene Mandeln
75 g Weißmehl/ Mehl Type 405
50 g flüssige Butter, abgekühlt
2 unbehandelte Orangen, abgeriebene Schale und Saft

1. Backofen auf 180 °C vorheizen.
2. Alle Zutaten für den Krokant zu einem Teig rühren. Ein großes viereckiges Blech mit Backpapier belegen. Den Teig darauf verstreichen. Im Ofen bei 180 °C 8 bis 10 Minuten backen. Herausnehmen. Krokant erkalten lassen, von Hand in Stücke brechen.
3. Orangen schälen, auch die weiße Haut entfernen. Früchte in Scheiben schneiden und entkernen. Auf Tellern anrichten. Orangenscheiben mit Olivenöl beträufeln, mit wenig Puderzucker bestäuben. Mit Krokant und Orangenschalen garnieren.

Register

Martin Dalsass

In der Küche von Martin Dalsass standen ein Dutzend verschiedene Olivenöle unterschiedlicher Provenienzen lange bevor der göttliche Saft in aller Munde war. Der Gault-Millau- (18 Punkte) und Sternekoch ersetzt Butter konsequent durch feinstes Olivenöl. Seine Olivenöl-Schokomousse ist legendär und unzertrennlich mit seinem Namen verbunden.

Martin Dalsass verwöhnt seine Gäste im Ristorante Santabbondio in Sorengo/Lugano. Dem Betrieb ist ein Catering angegliedert. Er ist Vorstandsmitglied von «Les Grandes Tables de Suisse» und «Le Soste, Italien».

Philipp Notter

Philipp Notter ist Inhaber der PrOlive Notter & Cie. (Olivenölhandel) und bietet mit der PrOlive Engineering weltweit Beratung und Projektierung für Olivenölproduzenten sowie Qualitätsmanagement für den Handel an. Er ist zudem selbst leidenschaftlicher Olivenbauer in der Toskana und in Ligurien, wo er ein Labor für Grundlagenforschung zur Olivenölgewinnung betreibt. Als Mitglied des Olivenölpanels der Zürcher Hochschule und diverser Jurys testet er jährlich Hunderte von Olivenölen aus aller Welt.

Quellenverzeichnis

MERUM – Dossier Olivenöl 2007
Andreas März
Merumpress AG, Basel, 2007

De agri cultura
Marcus Porcius Cato
Cato major/Censorius, Roma, 199–160 v.Chr.

Naturalis historia, Liber XV
Gaius Plinius Secundus
Plinius, Roma/Stabiae, 50–79

Amtsblätter der Europäischen Union
EG/EWG Verordnungen 1711/2005, 827/68, 2568/91, 640/2008
Kommission der Europäischen Gemeinschaft, Bruxelles

Plenarsitzungsdokumente des Ausschusses für Landwirtschaft und ländliche Entwicklung
Vincenco Lavarra, A5-0106/2004
Europäisches Parlament, Bruxelles, 2004

Der Olivenölsektor in der Europäischen Union
Eugene Leguen de Lacroix, KF-44-02-084-DE-D
Europäische Kommission, Generaldirektion Landwirtschaft, Bruxelles, 2002

Olio D'Oliva Toscana
Teoria & pratica, Campagna 2003/04
Consorzio dell Olio TOSCANO, Firenze, 2003

L'Olivo in Toscana / La lunga storia degli oliveti toscani
Giovanni Cherubini
Agenzia di Promozione Economica della Toscana, Firenze, 2001

Phenolics compounds and temporal perception of bitterness and pungency in EVOO
M. Esti, M. Contini, E. Moneta, F. Sinesio
Food Chemistry 113 1095-1100, Elsevier Ltd., 2008

Pruning and Training Systems for Modern Olive Growing
Riccardo Gucci, Claudio Cantini
CSIRO PUBLISHING, Collingwood (AU), 2003

Sensory Analysis of Olive Oil
COI/T.20/Doc. No 4/Rev. 1
International Olive Council, Madrid, 2007

Olivo e Olio
Div. edizione, Anno 2005/2006
Il Sole 24 ORE Edagricolo Srl, Bologna, 2006

Olive Production Manual
G. Steven Sibett, Louise Ferguson, Publication 3353
University of California, Division of Agriculture and Natural Resources, Oakland, 2005

World Olive Encyclopaedia
First English edition Nov. 1996
International Olive Council, Madrid, 1996

World Catalogue of Olive Varieties
First edition May 2000
International Olive Council, Madrid, 2000